GTB
Gütersloher Taschenbücher
1518

Maria
die von Weihnachten
erzählt

Geschichten und Gedichte

Herausgegeben von Dietrich Steinwede

Gütersloher Verlagshaus

Originalausgabe

Die Deutsche Bibliothek – CIP-Einheitsaufnahme

Maria, die von Weihnachten erzählt: Geschichten und
Gedichte / hrsg. von Dietrich Steinwede. – Orig.-Ausg. –
Gütersloh: Gütersloher Verl.-Haus, 1996
(Gütersloher Taschenbücher; 1518)
ISBN 3-579-01518-4
NE: Steinwede, Dietrich [Hrsg.]; GT

ISBN 3-579-01518-4
© Gütersloher Verlagshaus, Gütersloh 1996

Umschlaggestaltung: Dieter Rehder, Aachen, unter Verwendung
einer Illustration von Ursula Verburg, Hamburg
Gesamtherstellung: Clausen & Bosse, Leck
Gedruckt auf chlorfrei gebleichtem Werkdruckpapier
Printed in Germany

Inhalt

Aus einer Wurzel zart

---

in einer gegend
Wilhelm Willms 11

Die reine Magd

Das Mädchen im Tempel
Aus dem Marien-Evangelium des Jacobus 13

Der Bote
Otfried von Weißenburg 17

Die Verkündigung am Brunnen
Aus dem Marien-Evangelium des Jacobus 18

Nicht daß ein Engel eintrat
Rainer Maria Rilke 20

Ankunft

Advent
Gertrud von Le Fort 21

Josef findet Maria schwanger
Aus dem Marien-Evangelium des Jacobus 22

Maria bei Elisabet
Aus dem Marien-Evangelium des Jacobus 25

Sie kam den Hang herauf
Rainer Maria Rilke 27

Magnificat

Und Maria singt
Martin Luther 28

Mit dir, Maria
Eugen Eckert 29

Heute sagen wir das so
Dorothee Sölle 30

Geburt

Die Anordnung des Kaisers
Aus dem Marien-Evangelium des Jacobus 33

An Maria
Andreas Gryphius 36

Ein großes Licht ist da
Aus dem Marien-Evangelium des Jacobus 37

Das Bündel Gottes
Paul Konrad Kurz 42

Wacht auf, ihr Menschen
Ursula Wölfel 43

Der Mann und die Frau und das Kind
_____

Nachdenken Josefs
Kurtmartin Magiera 44

Asyl in Ägypten
Ernst Schnabel 48

Die Mutter Jesu
_____

Maria
Bertolt Brecht 58

Maria singt
Hildegard Wohlgemuth 60

Die neue Eva
_____

maria
Wilhelm Willms 61

Ave, du neue Eva
Wilhelm Willms 62

Die Geburt nebenan
Frieda Krieger 66

Maria von nebenan
Lene Mayer-Skumanz 69

Dunkle Maria

Eine Maria malen
Margarete Hannsmann 70

Mary
Stefan Heym 72

Mirjam und Maria
Jochen Hoffbauer 77

alle mammas sind engelmacher
Kurtmartin Magiera 83

Kritik an Maria

Die Wallfahrt nach Kevlaar
Heinrich Heine 85

und maria
Kurt Marti 89

Glockenstimme
Friedrich Wolf 93

Quellenverzeichnis 95

Aus einer Wurzel zart

in einer gegend

plötzlich
unverhofft
mitten im kalten winter
in der nacht
in einem milieu
wo man es nicht vermutete
in einer gegend…
die…

ja
die gegend
betlehems felder
wissen sie wo das ist
da ganz am rand der welt

da hat der himmel
die erde
geküßt

maria

und da
ist ein ros entsprungen
aus einer wurzel zart
mitten im kalten winter
wohl zu der halben nacht

Wilhelm Willms

Die reine Magd

Das Mädchen im Tempel

Maria ist zwölf Jahre alt.
Die Priester im Tempel halten Rat:
»Sie hat jetzt ihre Tage.
Was tun wir mit ihr?
Wenn ihre Blutungen kommen,
dann ist der Tempel unrein.«

Sie sprechen zum Hohenpriester:
»Bete zu Gott im Heiligtum.
Wir wollen mit Maria tun,
was Gott uns offenbart.«

Und der Hohepriester nimmt das Amulett
mit den zwölf Glöckchen.
Er geht ins Allerheiligste.
Er betet für Maria.

Da steht Gottes Engel vor ihm:
»Zacharias, Hoherpriester,
hole die Witwer aus Israel.
Jeder soll einen Stab tragen.
Und wem der Herr ein Zeichen gibt,
dessen Frau soll sie sein.«

Die Boten gehen hinaus
in das ganze Land Judäa.
Überall verkünden sie diese Nachricht.
Man hört die Posaune.
Und alle laufen herbei.

Josef legt seine Axt beiseite.
Er kommt aus seiner Werkstatt.
Er geht hinaus, die Boten zu hören.
Josef ist Witwer.

Er nimmt seinen Stab
wie viele andere Witwer.
Er kommt zum Tempel.

Der Hohepriester nimmt alle Stäbe
von all den Witwern.
Er geht ins Tempelhaus.
Er betet.

Er kommt wieder heraus
mit den Stäben in der Hand.
Er gibt die Stäbe den Witwern zurück,
jedem Witwer seinen Stab,
einen nach dem anderen.

Kein Zeichen geschieht.

Den letzten Stab aber bekommt Josef.

Und da:
Eine Taube kommt aus dem Stab hervor.

Sie fliegt auf.
Sie flattert herab
… auf Josefs Kopf.
Sie setzt sich nieder.

Der Priester sagt zu Josef:
»Auf dich ist das Los gefallen.
Du hast die junge Frau gewonnen,
Maria im Tempel des Herrn.
Nimm sie in deine Obhut.«

Josef aber spricht:
»Ich bin schon alt.
Ich habe Söhne.
Sie ist ein junges Mädchen.
Wenn ich sie nehme,
mache ich mich zum Gespött.
Sie werden über mich lachen in Israel.«

Der Priester spricht:
»Fürchte Gott, Josef.
Denke an das,
was Gott an Abiram und Korah tat,
als die Erde sich spaltete
und sie verschlungen wurden.
Sie hatten sich aufgelehnt gegen Gott.«

Da fürchtet sich Josef.
Er kommt in den Tempel.
Er nimmt Maria zu sich.

Er spricht zu ihr:
»Ich habe dich aus Gottes Tempel erhalten.
Ich bringe dich jetzt in mein Haus.
Dort sollst du bleiben.
Gott wird dich bewahren.
Ich aber gehe fort.
Ich habe zu tun an meinen Bauten.
Danach kehre ich zurück.«

Aus dem Marien-Evangelium des Jacobus

Der Bote

Da kam ein Bote,
Engel des Himmels,
und brachte der Welt
teure Botschaft.
Flog Sonnenpfad,
Sternenstraße
und Wolkenweg
zu dieser jungen Frau,
zur edlen Frau,
zu eben der heiligen Maria,
deren Vorfahren
von Geburt
alle Könige waren.

Otfried von Weißenburg

Die Verkündigung am Brunnen

Maria nimmt den Krug.
Sie geht hinaus zum Brunnen,
Wasser zu holen.
Da – die Stimme.
Maria hört es:
»Sei gegrüßt, Begnadete unter den Frauen.
Gott ist mit dir!«

Maria schaut auf:
›Woher kommt diese Stimme?‹

Maria erbebt...

Maria geht zurück ins Haus.
Sie stellt den Krug ab.
Sie nimmt den Purpur.
Sie setzt sich und spinnt.

Und da – der Engel des Herrn.
Vor ihr.
Er spricht:
»Kraft Gottes überschattet dich, Maria.
Du wirst einen Sohn bekommen.
Heilig ist er,
Sohn des Höchsten.
Er rettet sein Volk von Sünden.

Nenne ihn ›Jesus‹, deinen Sohn.
›Jesus‹, das heißt ›Gott hilft‹.«

Maria spricht:
»Sieh mich an:
Ich bin ein armes Mädchen. –
Aber ich stehe vor Gott.
Es mag mir geschehen,
wie du sagst.«

Und Maria geht wieder an ihre Arbeit.
Sie spinnt alles fertig, Purpur und Scharlach
für den Vorhang des Tempels.
Sie bringt es dem Hohenpriester.

Der nimmt Purpur und Scharlach.
Er legt Maria die Hände auf.
Er segnet sie.
Er spricht:
»Maria, Gott hat deinen Namen groß
    gemacht.
Unter allen Menschen und Völkern der Erde
bist du gesegnet.«

Aus dem Marien-Evangelium des Jacobus

Nicht daß ein Engel eintrat

Nicht daß ein Engel eintrat (das erkenn),
erschreckte sie. Sowenig andre, wenn
ein Sonnenstrahl oder der Mond bei Nacht
in ihrem Zimmer sich zu schaffen macht,
auffahren –, pflegte sie an der Gestalt,
in der ein Engel ging, sich zu entrüsten;
sie ahnte kaum, daß dieser Aufenthalt
mühsam für Engel ist.
Nicht, daß er eintrat, aber daß er dicht,
der Engel, eines Jünglings Angesicht,
so zu ihr neigte; daß sein Blick und der,
mit dem sie aufsah, so zusammenschlugen,
als wäre draußen plötzlich alles leer
und, was Millionen schauten, trieben, trugen,
hineingedrängt in sie: nur sie und er;
Schaun und Geschautes, Aug und Augenweide
sonst nirgends als an dieser Stelle –: sieh,
dieses erschreckt. Und sie erschraken beide.

Dann sang der Engel seine Melodie.

Rainer Maria Rilke

Ankunft

Advent

Singet es im Harren der Frühe, singet es leise, leise
ins finstre Ohr der Welt!
Singet es auf den Knien, singet es wie unter
   Schleiern,
singet es, wie Frauen in der Hoffnung singen:
Denn zart ward, der da stark ist, klein ward der
   Unendliche,
hold ward der Gewaltige, demütig ward der
   Erhabene,
Raum hat er in der Kammer einer Jungfrau: auf
   ihrem Schoße wird
sein Thron sein – Lob genug ist ihm ein Wiegenlied!
Siehe, die Tage wollen nicht mehr aufstehen vor
   Andacht, und die
Nächte der Erde sind dunkel geworden vor tiefer
   Ehrfurcht:
Ich will Lichter anzünden, o Seele, ich will Freude
   anzünden
an allen Enden deiner Menschheit:
Sei gegrüßet, die da trägt den Herrn!

Gertrud von Le Fort

Josef findet Maria schwanger

Als Maria aber im sechsten Monat ist,
da kommt Josef von seiner Arbeit,
von seinen Bauten,
heim ins Haus.

Er tritt ein.
Er findet Maria schwanger.

Josef schlägt sich ins Angesicht.
Er wirft sich auf die Matte.
Er weint bitterlich.
Er spricht:
»Wie kann ich noch aufschauen
zu Gott, meinem Herrn.
Wie kann ich noch beten
wegen dieses Mädchens.
Als Jungfrau holte ich sie aus dem Tempel.
Wer hat mich hintergangen?
Wer hat dies getan in meinem Haus?
So etwas Schlechtes?
Daß sie schwanger ist.«

Josef weint:
»Geschieht mir wie Adam,
als die Schlange kam
und Eva allein fand
und sie betrog?
Ja, so ist mir geschehen.
Ich bin betrogen worden...«

Josef steht auf.
Er ruft Maria. Er spricht zu ihr:
»Du, die du von Gott umsorgt bist,
warum hast du das getan?
Warum hast du Gott vergessen?
Du warst doch im Allerheiligsten.
Du hast Speise empfangen aus der Hand eines
    Engels.
Warum hast du dich so erniedrigt?«

Maria aber weint bitterlich:
»Ich bin rein geblieben.
Ich hatte mit keinem Mann zu tun.«

Josef sagt:
»Und woher ist das Kind in deinem Leib?«

Maria sagt:
»So wahr Gott lebt,
ich weiß es nicht.«

Da ist Josef voller Schrecken.
Er geht fort.
Er denkt nach:
›Was soll ich tun mit Maria?
Wenn ich ihre Sünde verberge,
das ist gegen Gottes Gesetz.
Wenn ich ihre Sünde bekanntmache in Israel
und sie wird getötet
– vielleicht ist das, was in ihr ist,
von Engeln –,

dann habe ich unschuldig Blut
ausgeliefert ans Todesgericht.

Was soll ich nur tun?‹

Josef ist verzweifelt:
›Sie soll weggehen – heimlich.
Ich trenne mich von ihr.‹

Dann aber ist Nacht.
Josef schläft. Er träumt.
Im Traum: ein Engel.
Der spricht:
»Josef, fürchte dich nicht wegen dieses Mädchens.
Das Kind, das sie erwartet,
kommt von Gott, von Gottes Geist.
Es wird ein Sohn.
Du sollst ihn ›Jesus‹ nennen, den Sohn.
Er rettet sein Volk von großer Schuld.«

Da steht Josef auf vom Schlaf.
Er lobt den Gott Israels:
»Du hast mir Gnade erwiesen.«

Und Josef behält Maria bei sich.
Er beschützt und behütet sie.

Aus dem Marien-Evangelium des Jacobus

Maria bei Elisabet

Maria ist gesegnet.
Maria freut sich.
Sie kommt zu Elisabet.
Sie ist mit Elisabet verwandt.
Sie klopft an die Tür.

Auch Elisabet spinnt Scharlach
für den Vorhang des Tempels.

Als sie das Klopfen hört,
läßt sie den Scharlach fallen.
Sie läuft zur Tür. Sie öffnet.
Sie grüßt Maria. Sie spricht:
»Das Kind in mir bewegt sich –
vor Freude. Es grüßt dich.
Wie kann es geschehen, Maria,
daß *du* zu mir kommst,
du, die Mutter meines Herrn?«

Maria aber denkt nicht
an das Geheimnisvolle,
das der Engel ihr sagte.
Maria seufzt. Sie schaut auf zum Himmel.
Sie spricht:
»Wer bin ich, Gott,
daß die Frauen der Erde mich glücklich nennen.«

Maria bleibt drei Monate bei Elisabet.
Tag für Tag wächst das Kind in ihrem Leib.

Und nach drei Monaten
kommt Furcht über Maria.
Sie geht zurück in ihr Haus.
Sie hält sich verborgen vor Israel.

Maria ist sechzehn Jahre alt,
da all dies geschieht – voller Geheimnis.

Aus dem Marien-Evangelium des Jacobus

Sie kam den Hang herauf

Sie kam den Hang herauf, schon schwer, fast
    ohne
an Trost zu glauben, Hoffnung oder Rat;
doch da die hohe tragende Matrone
ihr ernst und stolz entgegentrat

und alles wußte ohne ihr Vertrauen,
da war sie plötzlich an ihr ausgeruht;
vorsichtig hielten sich die vollen Frauen,
bis daß die junge sprach: Mir ist zumut,

als wär ich Liebe, von nun an für immer.
Gott schüttet in der Reichen Eitelkeit
fast ohne hinzusehen ihren Schimmer;
doch sorgsam sucht er sich ein Frauenzimmer
und füllt sie an mit seiner fernsten Zeit.

Daß er mich fand. Bedenk nur; und Befehle
um meinetwillen gab von Stern zu Stern –.

Verherrliche und hebe, meine Seele,
so hoch du kannst: den Herrn.

Rainer Maria Rilke

Magnificat

Und Maria singt

Meine Seele erhebt den Herrn,
und mein Geist freuet sich Gottes meines Heilandes,
denn er hat die Niedrigkeit seiner Magd angesehen.
Siehe, von nun an werden mich seligpreisen alle
    Kindeskinder,
denn er hat große Dinge an mir getan,
der da mächtig ist und des Name heilig ist.
Und seine Barmherzigkeit währet immer für und für
bei denen, die ihn fürchten.
Er übet Gewalt mit seinem Arm
und zerstreuet, die hoffärtig sind in ihres Herzens
    Sinn.
Er stößet die Gewaltigen vom Thron
und erhebt die Niedrigen.
Die Hungrigen füllet er mit Gütern
und läßt die Reichen leer.
Er denket der Barmherzigkeit
und hilft seinem Diener Israel auf,
wie er geredet hat unseren Vätern
Abraham und seinen Kindern ewiglich.

Martin Luther

Mit dir, Maria

Mit dir, Maria, singen wir
von Gottes Heil in unsrer Zeit.
Uns trägt die Hoffnung, die du trugst:
Es kommt der Tag, der uns befreit.

Hell strahlt dein Lied durch jede Nacht:
»Ich preise Gott: MAGNIFICAT.
Himmel und Erd hat er gemacht,
mein Gott, der mich erhoben hat.«

Du weißt um Tränen, Kreuz und Leid.
Du weißt, was Menschen beugt und biegt.
Doch du besingst den, der befreit,
weißt, daß das Leben letztlich siegt.

Dein Jubel steckt auch heute an.
Österlich klingt er, Ton um Ton.
Großes hat Gott an dir getan.
Großes wirkt unter uns dein Sohn.

Mit dir, Maria, singen wir
von Gottes Heil in unsrer Zeit.
Uns trägt die Hoffnung, die du trugst:
Es kommt der Tag, der uns befreit.

Eugen Eckert

Heute sagen wir das so...

Es steht geschrieben, daß Maria sagte:
meine seele erhebt den herren
und mein geist freut sich gottes meines heilands
denn er hat die niedrigkeit seiner magd angesehen
siehe von nun an werden mich seligpreisen
alle kindeskinder.

Heute sagen wir das so:
meine seele sieht das land der freiheit
und mein geist wird
aus der verängstigung herauskommen
die leeren gesichter der frauen
werden mit leben erfüllt
und wir werden menschen werden
von generationen vor uns, den geopferten, erwartet.

Es steht geschrieben, daß Maria sagte:
denn er hat große dinge an mir getan,
der da mächtig ist
und dessen name heilig ist
und seine barmherzigkeit währt
von geschlecht zu geschlecht.

Heute sagen wir das so:
die große veränderung
die an uns durch uns geschieht
wird mit allen geschehen – oder sie bleibt aus
barmherzigkeit wird geübt werden,

wenn die abhängigen
das vertane leben aufgeben können
und lernen selber zu leben.

Es steht geschrieben, daß Maria sagte:
er übt macht mit seinem arm
und zerstreut die hochmütigen
er stößt die gewaltigen von ihren thronen
und die getretenen richtet er auf.

Heute sagen wir das so:
wir werden unsere besitzer enteignen
und über die
die das weibliche wesen kennen
werden wir zu lachen kriegen
die herrschaft der männchen über die weibchen
wird ein ende nehmen
aus objekten werden subjekte werden
sie gewinnen ihr eigenes besseres recht.

Es steht geschrieben, daß Maria sagte:
hungrige hat er mit gütern gefüllt
und die reichen leer hinweggeschickt
er denkt der barmherzigkeit und hat sich
israels seines knechts angenommen.

Heute sagen wir das so:
frauen werden zum Mond fahren
und in den parlamenten entscheiden
ihre wünsche nach selbstbestimmung
werden in erfüllung gehen

und die sucht nach herrschaft wird leer bleiben
ihre ängste werden gegenstandslos werden
und die ausbeutung wird ein ende haben.

Dorothee Sölle

Geburt

Die Anordnung des Kaisers

Und eine Anordnung geht aus,
ein Befehl vom Kaiser Augustus:
›Alle Einwohner Betlehems in Judäa
sollen in Steuerlisten erfaßt werden.‹

Josef sagt:
»Ich will meine Söhne aufschreiben lassen...
Was aber ist mit diesem Mädchen?
Was soll ich machen mit ihr?
Wie soll ich sie registrieren lassen?
Als meine Frau?
Da muß ich mich schämen.
Als meine Tochter?
Aber das wissen doch alle in Israel,
daß sie nicht meine Tochter ist.

Gott muß es machen.
Es muß geschehen, wie Gott es will.«

Josef sattelt seinen Esel.
Er setzt Maria darauf.
Sein Sohn führt den Esel.
Josef geht voran.

Sie nähern sich Betlehem.
Es sind noch drei Meilen.

Da wendet Josef sich um.
Er sieht, daß Maria traurig ist.
Er spricht bei sich selbst:
›Vielleicht macht ihr das Kind zu schaffen.‹

Wieder wendet Josef sich um.
Da sieht er Maria lachen.
Er spricht:
»Maria, was ist das,
einmal sehe ich dich traurig,
dann wieder lachend.«

Maria spricht:
»Josef, ich sehe zwei Völker,
ein Volk, das weint und klagt,
und ein anderes Volk,
das fröhlich ist und jauchzt.«

Und sie kommen nach Betlehem.
Maria spricht:

»Josef, hebe mich herab vom Esel.
Das Kind in mir bedrängt mich.
Es will herauskommen.«

Josef hebt sie herunter.
Er spricht zu ihr:
»Wo soll ich dich hinbringen?
Wo kann ich unsere Schande verbergen?«

Josef findet dort eine Höhle.
Er bringt Maria hinein.
Er läßt seine Söhne bei ihr.

Josef geht hinaus,
um dort in der Gegend von Betlehem
eine Hebamme zu suchen.

Aus dem Marien-Evangelium des Jacobus

An Maria

Hier ist kein Raum für dich,
das Haus ist voll Gedränge.
Warum? Der, den du trägst,
dem ist die Welt zu enge.

Andreas Gryphius

Ein großes Licht ist da

»Ich aber, Josef, ich gehe umher...
Ich gehe nicht umher...

Ich blicke hinauf in die Luft.
Ich sehe die Luft erstarrt.
Ich blicke hinauf zum Himmelsgewölbe.
Ich sehe es stillstehen.
Ich sehe die Vögel des Himmels.
Sie bewegen sich nicht.

Ich blicke auf die Erde.
Ich sehe eine Schüssel stehen.
Arbeiter sind darum gelagert.
Sie haben die Hände in der Schüssel.
Aber die Kauenden kauen nicht.
Und die etwas aufheben,
die heben nichts auf.
Und die etwas zum Munde führen,
die führen nichts zum Munde.

Alle haben ihr Gesicht aufgerichtet
– nach oben.

Und seht: Schafe werden umhergetrieben.
Aber sie kommen nicht vorwärts.

Der Hirt erhebt seine Hand.
Mit dem Stecken.
Er will die Schafe schlagen.

Aber er schlägt sie nicht.
Seine Hand bleibt oben.

Ich blicke zum Fluß,
ich, Josef.
Und die Mäuler der Böcke
sind über dem Wasser.
Sie wollen trinken.
Aber sie trinken nicht.
Alles ist wie erstarrt...«

...

Dann aber, es geschieht,
die Erstarrung ist vorüber.
Alles bewegt sich wieder.

Und seht, eine Frau, eine Hebamme,
kommt vom Gebirge herab.
Sie spricht zu Josef:
»Mann, wohin gehst du?«
»Ich suche eine hebräische Hebamme.«
»Bist du aus Israel?«
»Ja!«
»Und wer ist die,
die in der Höhle ihr Kind zur Welt bringt?«
»Meine mir anverlobte Frau.«
»Sie ist nicht deine Frau?«
»Es ist Maria,
aufgewachsen im Tempel des Herrn.
Ich bekam sie durchs Los zur Frau.
Und doch: Sie ist nicht meine Frau.

Sie hat empfangen vom Geist Gottes.«
»Ist das wahr?«
»Komm und sieh!«

Und die Hebamme geht mit Josef.
Sie tritt an den Ort der Höhle.
Und seht, eine Wolke ist da.
Sie überschattet die Höhle.

Und die Hebamme spricht:
»Meine Seele erhebt sich.
Meine Augen sehen Wunderbares.
Für Israel ist das Heil geboren.«

Und die Wolke ist nicht mehr da.
Ein großes Licht ist da,
Lichtglanz von Gott.
Die Augen können es nicht ertragen.

Und dann ist das Kind zu sehen.
Es liegt an der Brust seiner Mutter.
Es trinkt.

Und die Hebamme schreit auf.
»Was für ein Tag,
heute, für mich.
So etwas habe ich nie gesehen.«

Und die Hebamme kommt heraus aus der
    Höhle.
Da begegnet ihr Salome.

Und die Hebamme spricht:
»Salome, Salome,
ich habe dir etwas zu erzählen.
Nie hat es das gegeben:
Eine Jungfrau hat geboren.
Das ist gegen alle Natur.«

Und Salome spricht:
»So wahr Gott lebt,
wenn ich nicht meinen Finger hineinlege,
wenn ich nicht ihren Zustand untersuche,
so glaube ich nicht,
daß eine Jungfrau geboren hat.«

Und die Hebamme geht hinein zu Maria.
»Lege dich bereit.
Es gibt einen Streit um dich.«
Und Salome kommt.
Sie untersucht Maria.
Und sie erhebt ein Wehgeschrei:
»Wehe über mich.
Wehe über meinen Unglauben.
Ich habe dem lebendigen Gott nicht vertraut.«

Und Salomes Hand
ist wie vom Feuer verzehrt...

Und sie fällt in die Knie vor Gott.
Sie betet:
»Gott meiner Väter, denke an mich.
Laß mich nicht zum Spott werden
vor denen aus Israel.«

Und seht: Der Engel des Herrn –
vor Salome.
Er spricht:
»Gott hört auf dein Gebet.
Tritt herzu. Berühre das Kind!
So wird die Heilung geschehen.«

Und Salome tut, wie der Engel sagt.
Sie spricht:
»Ich will dich anbeten, Kind.
In dir ist ein König geboren,
ein großer König in Israel.«

Und Salome wird geheilt.
Sie geht voller Freude hinaus aus der Höhle.
Gott hat sie wieder angenommen.

Und eine Stimme ist da,
Engel des Herrn:
»Salome, Salome,
sage nicht weiter, was du gesehen hast,
verkünde das Wunderbare nicht,
bis *er* kommen wird nach Jerusalem,
der Knabe Jesus.«

Aus dem Marien-Evangelium des Jacobus

Das Bündel Gottes

Ein bißchen Fleisch.
Wie Menschenfleisch
und rohes Kinderfleisch.
Kaum anzufassen.
Die Augen noch geschlossen.
Das bißchen Brust zerbrechlich
und eingepackt in Schlaf.
Ein Nacktes
wie lämmernackt
und sperlingsnackt im Nest.
Ein Wurm zum Wickeln
für eine Mädchenmutter,
die kniet und wieder kniet
und ihre Sinne martert
und nicht begreifen kann
das Bündel Gottes.

Paul Konrad Kurz

Wacht auf, ihr Menschen

Wacht auf, ihr Menschen, ja, auch du!
Das Wunder ist geschehen.
Maria wiegt das Kind zur Ruh,
und Josef deckt es sachte zu.
Nun muß die Nacht vergehen.

Steig auf, du Stern! Flieg hin, du Wind!
Die Schatten sollt ihr jagen.
Geboren ist im Stall das Kind,
damit wir alle fröhlich sind
in unsern dunklen Tagen.

Ursula Wölfel

Der Mann und die Frau
und das Kind

Nachdenken Josefs

»Ich geh ein wenig vor die Tür«, sagte Josef. Und Maria sagte: »Ja.«

»Wenn du etwas willst, brauchst du nur zu rufen«, sagte Josef. Und Maria sagte: »Ja.«

»Ich will nur ein bißchen Luft schnappen.« Maria sagte: »Ja, Josef, geh nur. Ich brauche nichts. Es ist alles gut.«

Josef schaute über die linke Schulter zurück, verlegen ein wenig und verworren, sah sie, wie sie sich über das Kind beugte, sah, wie sie mit der Hand versuchte, es zu streicheln. Sie flüsterte etwas, aber er konnte es nicht verstehen. Er wußte nicht, was sie zu dem Kinde sagte. Nur, daß er die beiden jetzt allein lassen mußte, das wußte er. Daß er jetzt hier raus mußte, das wußte er. Es ging über seinen Verstand.

Nicht, daß die plötzliche Geburt ihn überrascht hatte. Das nicht. Das war kein Wunder. Die neun Monate waren um. Dazu kam die Anstrengung der letzten Tage. Und seit wann nahmen die Behörden Rücksicht auf die Leute? Rausgeschmissen hatten sie ihn, nicht unfreundlich, mehr lachend, feixend, und der eine hatte Zoten im Kopf. Josef hatte es gemerkt, gleich, als er seine Bitte herausgewürgt hatte, die Mütze verlegen in der Hand knetend: »Ich kann in diesen Tagen nicht weg, das müssen Sie doch verstehen, Herr Hauptmann. Jeden Tag kann das Kind kommen. In diesem Zustand kann ich nicht mit ihr auf eine solche beschwerliche Reise!«

Aber der hatte nur gelacht, hatte abgewinkt. Was soviel hieß wie: Du kannst gehen. Und erst, als Josef nicht ging, diesen Wink einfach nicht verstehen wollte, hatte er gesagt: »Das ist deine Sache, Zimmermann, nicht unsere. Wir haben hier eine kaiserliche Order, mehr nicht. Wenn du mir zeigst, daß da drinsteht, daß Männer, die eine hochschwangere Frau haben, mit ihr zu Hause bleiben können, dann darfst du zu Hause bleiben. Hier.«

Er hatte ihm die kaiserliche Order hingeschoben. Nicht gehässig, eher: Mensch, Zimmermann, was bildest du dir ein, wer wir sind! So war Josef eigentlich auch gar nicht böse gewesen, als er unverrichteterdinge nach Hause gegangen war, noch die spöttischen Bemerkungen des anderen im Ohr:

»Das hättest du dir vor neun Monaten überlegen müssen!« Immer wieder stieg es in ihm auf: Der hat gut reden! Und doch klammerte er sich an diese Bemerkung. Hatte ja recht, der Soldat!

Ja, ich hätte es mir damals überlegen sollen! Und Josef dachte an den Engel, der ihn aus dem Schlafe geschreckt hatte, erinnerte sich seiner Worte, dieser unglaublichen Botschaft:

»Sie wird ein Kind haben ohne dich!«

»Ein Kind von einem anderen also!«

»Ja, von einem anderen. Aber nicht so, wie du denkst. Nicht von einem Manne, Josef.«

»Das soll ich verstehen? Ich bin ein Zimmermann, Engel! Ich kann nicht einmal lesen. Das ist doch kein Grund, mich zu verspotten!«

Und er quälte sich. Und er dachte: Ich träume! Biß sich in den Finger, schrie auf vor Schmerz, so biß er zu, und schwieg, als er die Stimme des Engels wieder hörte:

»...die Leute werden ihn Immanuel nennen. Verstehst du jetzt, Zimmermann? Immanuel!«

Doch Josef hörte ihn nur, verstehen konnte er ihn nicht. Nicht um alles in der Welt. Tat nur, was der Engel ihm sagte. Verließ das Haus, ging zu ihr und sagte:

»Komm zu mir, Maria!«

Und nahm sie schüchtern bei der Hand. – Was ist sie nur für eine Frau? – und vertraute auf den Spruch des Engels. Der Herr hat gesprochen. Der Herr weiß, was er tut. Der Herr wird seine Hand über uns halten!

Lange stand Josef draußen vor der Tür. Von den Bergen her kam kalter Wind. Er kühlte seine heißen Schläfen, das heftig pochende Herz. Seine zitternden Hände beruhigten sich nur langsam. Immer wieder war er versucht, die Tür einen Spaltbreit zu öffnen, um zu sehen, ob da drinnen nicht doch noch das große Wunder geschah, auf das er wartete. Das Wunder, das diesen miserablen Stall verwandelte. In eine

Wohnung für Immanuel. »Wo bist du, Engel, wo ist dein Versprechen?«

Aber es gab keinen Engel, gab keine Antwort – nur den Wind. Einen kalten Wind, der kalkigen Staub mitbrachte von den Bergen, Schafsgeruch von den Herden, Hundegebell.

»Ich bin nur ein einfacher Mann, Engel«, stöhnte Josef, »zimperlich bin ich auch nicht. Auch zu Hause hätten wir uns einen Arzt nicht leisten können. Sicher nicht. Aber zu Hause, da wären die Nachbarn dagewesen. Und vielleicht wäre auch Elisabet für ein paar Tage herübergekommen. Aber so, wie soll ich hier, vor dieser elenden Tür, dein Versprechen deuten? Das meine halten?

Ich schäme mich, Engel! Nicht einmal eine Bank in einer billigen Kneipe habe ich auftreiben können. Eine Bank neben dem Feuer, neben dem Herd. Kein Tropfen heißes Wasser – weißt du überhaupt, was das heißt, Engel?« Schlug seinen Kopf gegen das Gatter und flüsterte: »Nichts als ein paar brüchige Bretterwände, die kaum die ärgste Kälte abhalten, eine Laterne mit einem Kerzenstummel, ein Ochse und ein Esel für deinen Immanuel!«

Er spürte die Tränen nicht, die ihm übers Gesicht liefen. Er spürte den Frost nicht, der ihn schüttelte. Er fürchtete sich vor Morgen und Übermorgen. Maß ja alles mit der Elle von heute.

Da hörte er Stimmen. Stimmen von Männern und Kindern. Und einer rief: »Dort drüben in der Hütte, dort muß es sein. Ich sehe Licht!« Da glaubte er wieder.

Kurtmartin Magiera

47

Asyl in Ägypten

Die Leute bei uns in Memphis haben gesagt, das käme vor und hätte nichts auf sich. Auch der Bäcker von nebenan hat damals nur gelacht und gesagt, wenn das so weitergehe, dann stießen sie eines Nachts noch zusammen, aber er ist wenigstens dann und wann mit auf die Straße herausgekommen und hat hinaufgeschaut. Sonst sind wir nur wenige gewesen, die aufgepaßt haben, und nur Tobias, der unten am Fluß die Ziegen hat, hat gewußt, daß es etwas bedeutete.

Was? hab ich gefragt. Etwas Schlechtes?

Das konnte er nicht sagen.

Und ich hatte es zuerst entdeckt, auf der Straße. Ich ging so, und es war dunkel. Wie ich im Dunkeln ging, dachte ich plötzlich: Was ist da Helles in der Luft? Aber wie ich hinaufsah, standen da nur Sterne. Im Norden waren drei helle, die standen dicht beieinander, nicht allzu dicht, eine Handbreit jeder vom anderen entfernt, aber von ihnen kam der Schein. Es war nichts Besonderes, drei Sterne beieinander, und ich vergaß es bald.

Das war im August.

Aber im Oktober hat Tobias es mir gezeigt, und beinahe erschrak ich, denn die drei Sterne, die ich im August gesehen hatte, waren jetzt keine Handbreit mehr voneinander entfernt. Man konnte höchstens noch einen Finger zwischen sie legen. Tobias sagte, sie schöben sich immer mehr zueinander hin; er schaue ihnen nun schon eine ganze Woche zu.

Im November dann haben es alle gesehen.

Aber der Bäcker hat nicht recht gehabt; sie sind nicht zusammengestoßen, und ich glaube auch nicht, daß Tobias recht hatte. Es ist nichts geschehen, also hatten die Sterne nichts zu bedeuten – nur, daß die Flüchtlinge gleich danach kamen; mehr ist nicht passiert, und das hat nichts mit den Sternen zu tun.

Zuerst kamen die aus Syene. Sie hatten alles verloren, als das Hochwasser war, ihre Häuser und Felder und ihr Hab und Gut. Jetzt gehen sie in Lumpen und essen aus abgeschnittenen Blechbüchsen, die rostig und verbeult sind.

Dann kamen die aus Libyen, gleich danach, zwanzig vielleicht, fast alles Frauen. Und dann kamen die Armenier, ein ganzer Trupp. Bei uns in Memphis heißt es: Wenn einer flieht, flieht er nach Memphis. Das heißt, bei uns im Armenviertel sagen wir so. Die Leute in der Stadt drinnen, die nichts mit dem Armenviertel zu tun haben, merken es nicht, wenn Flüchtlinge kommen. Aber wir merken es, denn sie ziehen alle zu uns. Diesmal auch. Die aus Syene haben noch Platz gefunden, sie sind in die Lehmhütten am Fluß gezogen. Auch die Libyer trafen es noch gut. Aber die Armenier wohnen in Erdlöchern, und die zuletzt kamen, vier Tage nach den Armeniern und ganz für sich, der Mann, die Frau und das Kind, hausen in dem abgebrannten Schuppen gleich neben uns.

Wir sind schon viele hier im Armenviertel und haben selbst nichts, da freut sich keiner, wenn welche kommen. Sie nehmen uns den Platz und das Essen weg und die Arbeit auch. Unser Bäcker war aufgeregt, als sie kamen, er ist von einem zum andern gelaufen und hat sie ausgefragt, so gut es ging. Die meisten sprechen ja eine fremde Sprache und verstehen kein Wort. Er hat sich erst beruhigt, als er erfuhr, daß kein Bäcker unter ihnen war, denn er hat Angst um sein Geschäft und fürchtet, daß wir nicht mehr bei ihm kaufen, wenn noch ein anderer Bäcker bei uns im Armenviertel aufmacht.

Es ist wirklich, als kämen alle, die nicht wissen wohin, zu uns nach Memphis, wo wir so viele sind. Seht die Armenier an. Sie haben erzählt, daß sie ein ganzes Jahr unterwegs waren, nachdem sie aus ihrem Dorf vertrieben wurden. Ein ganzes Jahr – um nach Memphis zu kommen! Jetzt hocken sie in ihren Erdhöhlen und ziehen nicht weiter, und wie viele Städte gab es unterwegs, wo sie hätten bleiben können, und vielleicht besser als bei uns!

Auch der Mann und die Frau und das Kind, die zuletzt kamen...

Ich habe sie kommen sehen. Ich war gerade bei Tobias unten am Fluß, da sahen wir ganz in der Ferne, auf der anderen Seite, wo die Wüste bis ans Ufer heranreicht, eine einzige Staubwolke.

Es sind Reiter, sagte Tobias.

Wir waren beim Mittagessen. Als sie aber näher kamen und die Staubwolke doch nicht größer wurde, war Tobias nicht mehr so sicher, daß es Reiter seien, und wie sie dann am Flußufer standen und nicht wußten, wie sie herüberkommen sollten, hatten sie gar keine Pferde, sondern nur ein einziges Maultier. Darauf saß die Frau mit dem Kind. Der Mann ging zu Fuß nebenher. Sie wußten nicht, wie sie herüberkommen sollten, und bald wurde es dunkel; daß es aber weiter oben eine Fähre gibt, war ihnen nicht bekannt. Zurufen konnten wir es ihnen nicht, dazu ist der Fluß zu breit.

Am anderen Morgen waren sie trotzdem in der Stadt; wer weiß, wie sie über den Fluß gekommen sind. Vielleicht haben sie die Fähre im Dunkeln noch gefunden.

Ihr seht, alle kommen zu uns, und wir müssen immer enger zusammenrücken. Als die aus Syene kamen, habe ich gedacht: Was haben die für Sitten! Essen aus Blechbüchsen... Aber sie haben alle nichts Besseres aufs Feuer zu stellen, das sah ich, als die anderen kamen, und die waren aus ganz anderen Ländern. Alle haben diese Blechnäpfe, die man auf jedem Schutthaufen finden kann, und zerfetzte Hemden und zerrissene Hosen auf dem Leib, und die Frauen haben ausgefranste Röcke, und sie sind mager und grau im Gesicht und reden nicht viel. Sie sind alle gleich. Das hat nichts mit Sitte zu tun. Seit einer Woche wissen wir auch, daß manche von ihnen stehlen. Es hat damit angefangen, daß aus dem Laden des Bäckers Brot verschwand.

Am letzten Donnerstag in der Frühe ist ihm dann sein ganzer Backofen ausgeräumt worden, während er auf einen Sprung über die Straße gegangen war.

Das Brot war noch nicht einmal zehn Minuten lang im Ofen gewesen, hat er gesagt, der rohe Teig noch. Aber sie haben Hunger. Danach ist Holz gestohlen worden und Wäsche von den Leinen und eine Decke und ein Mantel. Sie frieren. Es kommen aber auch Sachen weg, die sie nicht brauchen. Uhren, Bilder von den Wänden, Damenhüte mit Federn obenauf. Manches davon findet sich nach einiger Zeit im Leihhaus wieder, denn sie versetzen es, um zu Geld zu kommen. Aber manches verschwindet für immer, zum Beispiel der Federhut von der Lehrerin. Er ist nicht wieder aufgetaucht. Vielleicht gab es in Syene früher einmal einen ähnlichen Federhut, der beim Hochwasser verlorenging und gerade das ist, was die Frau, der er gehörte, nicht vergessen kann.

Das kommt so mit dem Elend, bei allen Menschen; es dauert nur ein paar Tage, bis du soweit bist. Wenn du fliehen mußt und nichts mitnehmen kannst und Hunger hast, dann dauert es nicht lange, bis du abgerissen und grau wirst und das Licht scheust, weil die Leute auf der Straße sich nach dir umdrehen, und im Dunkeln gehst und vielleicht stiehlst. So weit kann man nicht fliehen, daß man dem entgeht. Zuletzt findest du auch den Mut zum Stehlen nicht mehr, sondern streichst durch die Stadt, wo die Leute wohnen, die mit uns im Armenviertel nichts zu tun haben und diese großen Abfallkübel vor die Häuser stellen, und du gehst hin und hebst den Deckel ab und schaust nach, ob du darin etwas findest, eine Brotkante oder Kartoffelschalen oder eine Rübe, etwas zu essen. Tagsüber scheust du dich, da sehen es alle, aber wenn es dunkel wird, dann kannst du es hören, wenn es still ist. Dann hörst du, wie die Deckel von den Abfallkübeln geschoben werden. Überall in der Stadt ist es zu hören, jede Nacht, seit die Flüchtlinge gekommen sind. Es klirrt hohl und blechern in die Stille. Vorgestern habe ich den Mann gesehen, der mit der Frau und dem Kind zuletzt gekommen ist. Er tut es auch. Er kaute, während er den Kübel durchsuchte, und in der Hand hatte er einen kleinen Sack. Darin sammelte er, was er mit in den Schuppen nehmen wollte. Soweit kann es kommen.

Zuerst habe ich gedacht, der Mann wäre auch aus Armenien geflohen, weil er bald nach den Armeniern kam und aus derselben Richtung wie sie, von der anderen Seite des Flusses her. Aber gestern sprach mein Vater mit ihm, und wie ich sie stehen und miteinander reden sah, wußte ich sogleich, er ist anderswo her, denn mein Vater kann nicht Armenisch, obgleich er sonst mehrere Sprachen versteht, weil er einige Zeit Seemann war. Er hat den Mann mit nach Hause genommen und ihm eine alte Decke geschenkt. Die wollte der Mann über den Schuppen spannen, damit sie ein Dach über dem Kopf hätten, und ein Stück davon wollte er der Frau geben, für das Kind.

Ich wollte mit ihnen ins Haus gehen, aber mein Vater schickte mich wieder hinaus. Sie hatten miteinander zu sprechen. Lange Zeit haben sie hin und her geredet, und ich hörte es durchs offene Fenster bis auf die Straße heraus. Als es dann dunkel war, bin ich hineingegangen. Sie redeten nicht mehr, sondern saßen schweigend am Tisch und hatten kein Licht gemacht. Da fragte ich meinen Vater: Woher ist der Mann?

Unterbrich uns nicht, sagte mein Vater mürrisch.

Als sie weiter schwiegen, fragte ich noch einmal: Hat er dir nicht gesagt, woher er ist?

Mein Vater deutete mit dem Daumen nach dem Fluß hin:

»Von drüben.«

»Und weshalb sind sie geflohen?«

»Der König hat sie verfolgt.«

»Welcher König?«

»Herodes oder so...«

Mein Vater antwortete mir, wenn auch einsilbig, und so ging ich an den Tisch und stellte mich zwischen ihn und den Mann, der still dasaß und den Kopf hängen ließ.

»Da mußten sie fliehen?«

»Ja. Er hat Soldaten hinter ihnen hergeschickt, aber die haben sie nicht mehr eingeholt. Der Mann ist einen Tag vor den Soldaten aufgebrochen.«

»Was wollten die Soldaten von ihnen?«

»Das Kind wegnehmen.«

»Wie alt ist das Kind?«

»Vier Monate jetzt.«

Ich rechnete zurück: Es war zur Welt gekommen, als das mit den Sternen passiert war. Eigentlich hatte man gar nicht erkennen können, daß sie sich bewegten. Wenn man jeden Abend hinaufschaute, war es, als stünden sie überhaupt still, aber ließ man eine Woche oder zwei vergehen und ging dann plötzlich auf die Straße, dann merkte man es: sie waren weitergewandert, einer zum anderen hin, und die anderen Sterne in ihrer Nähe fingen an zu verblassen, so hell schienen sie. Als sie nur noch ein ganz winziges Dreieck bildeten, sagte der Bäcker, es käme noch dazu, daß sie zusammenstießen. Er lachte, aber ich lachte nicht. Weiß einer, was passiert, wenn die Sterne zusammenstoßen? Es ging mir nicht aus dem Kopf. Ich dachte nach und dachte; der Gedanke verließ mich nicht mehr. Wenn ich die drei Sterne im Norden sah, dachte ich: Was soll werden?

Dann kam die eine Nacht. Die drei Sterne schmolzen zusammen und leuchteten wie ein einziger Riesenstern. Ich war bei Tobias draußen, die ganze Nacht. Es war eine stille und helle Nacht, ein Licht, heller als der Mond, fast weiß. Es ist nie wieder so hell gewesen wie in dieser Nacht, obgleich die Sterne lange Zeit brauchten, ehe sie sich wieder trennten und ganz zwischen den anderen verschwanden.

Ich fragte meinen Vater:

»Dürfen die Leute dort keine Kinder haben?«

»Doch. Nur dieses nicht.«

»Und woher wußte der Mann, daß die Soldaten kommen würden?«

Mein Vater ließ mich einen Augenblick warten, ehe er antwortete:

»Er hat es geahnt.«

»Wie heißt der Mann?«

»Ich hab ihn nicht gefragt.«

»Und er will hierbleiben?«

»Nein, er will wieder zurück.«

»Aber die Soldaten!«

»Erst wenn Herodes tot ist, will er zurück.«

»Dann werden die, die nach Herodes kommen, das Kind holen und umbringen!«

Mein Vater erwiderte nichts.

Nachdem der Mann gegangen war, lief ich noch einmal heimlich hinaus und erzählte es Tobias, alles, was ich von dem Mann und der Frau und dem Kind erfahren hatte; auch daß ich den Mann in der Stadt gesehen hatte, in der Dämmerung bei den Abfallkübeln, erzählte ich ihm, und Tobias sagte, daß es viel besser gewesen wäre, wenn die Soldaten das Kind bekommen hätten; dann wäre ihnen das Elend erspart geblieben, und dem Kind auch – und am allerbesten, sagte Tobias, wäre es gar nicht erst zur Welt gekommen.

Auf dem Weg nach Hause kam ich an ihrem Schuppen vorbei, da hörte ich, daß das Kind weinte: aber auch die Frau weinte, ich hörte es. Ich schaute durch einen Ritz.

In der Mitte brannte eine Tranfunzel auf dem Boden. Das Maultier, das sie mitgebracht hatten, lag in der einen Ecke, mager wie es war, und in der anderen schlief der Mann auf der Erde. Die Frau saß auf einer umgestürzten Kiste. Sie kehrte mir den Rücken zu, so daß ich ihr Gesicht nicht sah. Das Kind schlief, das sie im Arm hatte. Es weinte nur noch ganz wenig. Die Frau weinte nicht, sie sang vielmehr leise; es hörte sich nur wie Weinen an. Da ging ich nach Haus.

Heute denke ich, daß Tobias sich irrt: Es wäre nicht

besser gewesen, wenn die Soldaten den Mann und die Frau eingeholt hätten, auf der Flucht. Tobias hat die Frau nicht gesehen oder gehört; sie freut sich über das Kind.

Und morgen will ich meinen Vater fragen, warum der Mann und die Frau gerade dieses Kind nicht behalten sollten.

Ernst Schnabel

Die Mutter Jesu

Maria

Die Nacht ihrer ersten Geburt war
kalt gewesen. In späteren Jahren aber
vergaß sie gänzlich
den Frost in den Kummerbalken und rauchenden
   Öfen
und das Würgen der Nachgeburt gegen Morgen zu.
Aber vor allem vergaß sie die bittere Scham,
nicht allein zu sein,
die dem Armen eigen ist.
Hauptsächlich deshalb
ward es in späteren Jahren zum Fest, bei dem
alles dabei war.
Das rohe Geschwätz der Hirten verstummte.
Später wurden aus ihnen Könige in der Geschichte.
Der Wind, der sehr kalt war,
wurde zum Engelsgesang.
Ja, von dem Loch im Dach, das den Frost einließ,
   blieb nur
der Stern, der hineinsah.
Alles dies
kam vom Gesicht ihres Sohnes, der leicht war,
Gesang liebte,

Arme zu sich lud
und die Gewohnheit hatte, unter Königen zu leben
und einen Stern über sich zu sehen zur Nachtzeit.

Bertolt Brecht

Maria singt

Mein Haus ist ohne Wettersturz
ich soll den Himmel tragen
Ein Sternendach ein Regenkleid
Ein Regendach ein Sternenkleid
davon soll ich euch sagen

Ich soll euch singen Lied um Lied
von meinem kleinen Jungen
Ein Gotteskind ein Menschensohn
Ein Menschenkind ein Gottessohn
Es ist ein Ros' entsprungen

Der Sohn ist groß ging aus dem Haus
ich bin allein geblieben
Ein Wurzelstock ein Rosenkeim
Ein Rosenstock ein Wurzelkeim
zu leiden und zu lieben

Einmal im Jahr kommt er nach Haus
und alle Keime warten
Ein Menschenkind ein Wiegenlied
Ein Wiegenkind ein Menschenlied
in unserm Gottesgarten

Und alle Freunde sind dabei
bin nicht mit ihm alleine
Den Lebenskranz den Dornenbaum
Den Dornenkranz den Lebensbaum
ich sehe und ich weine

Hildegard Wohlgemuth

Die neue Eva

maria

ich bin
maria

die zweite eva
die neue eva

und das kind
auf stroh
für das ich
die tür bin
in diese welt
ist
der zweite adam
der neue adam
mit dem alles
neu beginnen soll
mit ihm
und uns
soll die menschwerdung
des menschen
neu beginnen

Wilhelm Willms

Ave, du neue Eva

maria
du hast gehört was keiner vernommen
maria
du bist allein deinen weg gegangen
maria
du bist aus allem was dich getragen herausgefallen
maria
du wurdest allein gelassen
sei gegrüßt
ave du neue eva

du sehende unter blinden
du horchende unter tauben
du antwort gebende unter stummen
du einsame antenne einer unerhörten nachricht
du seismograph kommender erschütterungen
du überschattete
du skandal in deiner heimatstadt
du verleumdete
du gemiedene
du nicht mehr gegrüßte
sei gegrüßt
ave du neue eva

du von allem gewohnten abgeschnittene
du flüchtling
du gegen alle hoffnung hoffende
du gefäß verlorengegangener wahrheit

du frau
du mutter
du braut
du jungfräuliche
sei gegrüßt
ave du neue eva

du kind deiner zeit
du aller Zeit voraus
du kampfansage an deine zeit
du überzeitliche
du allen zeiten nahe
du unzeitgemäße
du zeitenwende
sei gegrüßt
ave du neue eva

du ende unfruchtbarer jahre
du anfang fruchtbarer jahre
du lebendige schrift aller suchenden
du immer neu zu deutende
du undeutbare
du unergründliche
du fallengelassene
du aufgehobene
sei gegrüßt
ave du neue eva

du nicht verstandene
du mißverstandene
du ärgernis

du gegen den strom schwimmende
du vom gegenstrom getragene
du offene wunde
sei gegrüßt
ave du neue eva

du in die zukunft weisende
du alles erwägende
du alles wagende
du alles tragende
du fürbitterin
du mutterboden einer neuen zeit
du in wehen liegende
du jenseits unserer wege
du diesseits unserer hoffnung
du lichtverbreitende
sei gegrüßt
ave du neue eva

du frau am himmel unserer zeit
du sammlung aller menschen guten willens
du urbild der kirche
du kraftfeld neuer menschwerdung
du zu allen zeiten vom drachen verfolgte
du siegerin
du in die wüste entrückte
du geheimnisvoll ernährte
du überlebende
du gekrönte
sei gegrüßt
ave du neue eva

maria
du aus der äußersten weltecke
dein name wuchs wie eine lawine
bis zu uns hin
wir werden ihn abtauen
und unsere wüsten bewässern
unsere krüge füllen die schon lange leerstehen
amen

Wilhelm Willms

Die Frau von nebenan

Die Geburt nebenan

Der Schrei eines Neugeborenen riß ihn aus seiner Träumerei. Hatte er recht gehört? Das mußte aus der Wohnung nebenan kommen. Er wußte nicht einmal, wer dort wohnte. Da wieder – dann Weinen und Schluchzen einer Frau. Er stand auf und trat zum Fenster. Jemand hatte also ein Kind bekommen. Nun, das kam jeden Tag vor. Doch er horchte erneut auf Geräusche. Wieder die Frau und das Kind – keine anderen Stimmen. Sie war doch nicht etwa allein? Die Langeweile war dahin. Er hatte sich diesen Abend schon lange vorbeigewünscht. Wenn man allein war, freute man sich nicht mehr auf Weihnachten. Man konnte ja nirgends hingehen, war gezwungen, in der Wohnung zu hocken. Natürlich gab es jetzt überall Feiern für Alleinstehende, aber dorthin mochte er auch nicht gehen. Jetzt hörte er wieder das Schluchzen der Frau. Wie die Wände hier dünn waren – einfach peinlich! Ob er doch mal nachschauen sollte?

Bevor er den Klingelknopf drückte, las er den Namen darunter. Irgendwie fremdländisch kam er ihm vor. Zuerst blieb es einen Moment still, dann rief eine schwache Stimme: »Wer da, bitte?«

»Ihr Nachbar, ist Ihnen nicht gut? Kann ich etwas für Sie tun?«

Jetzt schluchzte die Frau erneut, und nach langen Minuten wurde die Tür einen Spaltbreit geöffnet. Ein junges Mädchen im Nachthemd stand da und hauchte: »Bitte, einen Krankenwagen, ich Krankenhaus!« Bevor sie die Tür wieder schließen konnte, wankte sie. Er konnte sie auffangen und zum Bett zurückbringen. Dort sah er auch ein winziges Kind in einem Tuch. Da er nirgends ein Telefon fand, rannte er zurück in seine Wohnung. Er rief den Notarzt an und verlangte nach einem Krankenwagen.

Als er zurückkam, hatte sie die Augen wieder geöffnet und drückte das Kind an sich. Sie versuchte zu lächeln. Der Mann kam sich sehr hilflos vor und war froh, als sie fragte: »Wer Sie?«

»Ich heiße Scherter und wohne nebenan, ich hörte Weinen. Ist es ein Mädchen?«

Sie nickte und streichelte das kleine Wesen. »Ich Naschik Irina, ich hier arbeiten in Stadt. Freund nix wissen von Kind – ich allein geboren, weil zu früh gekommen.«

Ermüdet schloß sie wieder die Augen. Scherter trat von einem Bein auf das andere und dachte: So muß es gewesen sein, damals im Stall. Nur hatte das Jesuskind kein warmes Bett. Ein wenig beklommen sagte er: »Es ist Weihnachten, viel Glück für Sie und das Kind.«

Die junge Frau hatte ihn verstanden. Sie versuchte zu lächeln, und in ihrer fremden Sprache sagte sie etwas, was er mehr deutete als verstand: »Friede auf Erden!« Im Herzen des Mannes sprang ein verrostetes Fenster auf – Weihnachten mit einer Mutter und ihrem Kind. Er hatte nicht mehr gewußt, wie es sein konnte! Eine warme Freude durchströmte ihn – da hörte er auch schon den Krankenwagen in den Hof fahren.

Frieda Krieger

Maria von nebenan

Zu ihr trat kein Engel, der ihr die Botschaft brachte.
Sie kam von selber drauf, rechnete und erschrak.
Sie fragte nicht: Wie soll das geschehen?
Sie dachte nur immer wieder: Wie ist das passiert?
Sie sagte nicht: Ja, es soll sein, wie du gesagt hast.
Sie sagte gar nichts. Sie sagte nicht einmal nein.
Sie wartete nur und hoffte, hoffte tief innen,
sie würde sich an den Gedanken gewöhnen.
Da hätte einer – einer von uns – zu ihr gehen sollen
und sagen: Grüß dich, Maria!
und hätte sagen sollen –
aber wer traut sich denn mit so alten Geschichten –
und hätte sagen sollen:
Wenn sich sonst keiner freut,
die Engel im Himmel freuen sich alle,
weil du nicht nein gesagt hast.
Und Maria, die Große und allzeit Mütterliche,
neigt sich zu ihrem Sohn und sagt:
Schau, ein Bruder für dich.
Aber wer von uns traut sich,
Maria von nebenan die Botschaft zu bringen?
Es fällt schon schwer genug
zu fragen, wie es ihr geht,
geschweige denn... diese Botschaft...
Man kann uns wirklich nicht zumuten,
Arbeit von Engeln zu tun.

Lene Mayer-Skumanz

Dunkle Maria

Eine Maria malen

Eine Maria wie Mutter Courage,
Landstörzerin vom Hellen Christlichen Haufen,
und der ihr beigegebene Josef gleichzeitig
Bauernführer, Engel, Märtyrer,
wie das gelegentlich auf alten Bildern vorkam,
wenn die Maler nicht nur zu Gefallen
ihrer Auftraggeber arbeiteten.

Lumpen und Fransen und Feuerflackern,
Waffen, Friedenspalme und Flügel,
Mann und Frau, eins wie's andere.

Vom Bauernkrieg stand nichts unterm Bild,
wie sollten denn da die Leute wissen,
woher solche Figuren kamen?

Sie schrieben Leserbriefe ans Sonntagsblatt:
Ob das erlaubt sei, der Gottesmutter
so abscheuliche Füße zu machen.

Wochen später, im Januar, plötzlich,
sagte der Maler: Mein Gott,
was die um diese Zeit laufen mußten!

An Ostern waren die meisten schon tot,
die an Weihnachten aufbrachen –
Er machte eine bettelnde Maria,
das Kind unterm Arm könnte ein Laib Brot
oder der Brotlaib ihr Kind sein.
Zwei strenge Engel auf Seitenflügeln
paßten auf, daß alles gut ging.

Margarete Hannsmann

Mary

Die Nacht war kalt und sternenklar. An der Anlege-
stelle der Fährdampfer an der Südspitze der steiner-
nen Insel Manhattan stauten sich die schmutzigen
Eisschollen, und am Horizont ragten die glitzernden
Wolkenkratzer auf wie ein Gebiß, das am seidigen
Schwarz des Himmels nagt.

Auf dem letzten Fährdampfer nach Ellis Island – je-
ner kleinen Gefängnisinsel im Hafen von New York,
wo die des Landes Verwiesenen eingesperrt werden –
befanden sich an diesem Heiligabend nur wenige
Passagiere. Einer von ihnen war ein ältlicher, grau-
bärtiger Mann in einem zerschlissenen Kaftan und
mit Schuhen, die einst bessere Zeiten gesehen hatten.
Sein Gesicht war sorgendurchfurcht, und er mur-
melte etwas, vielleicht Gebete, vielleicht Flüche – je-
denfalls blieb, was er sagte, dem Einwanderungsbe-
amten neben ihm unverständlich. In Begleitung des
Mannes war eine junge, hochschwangere Frau, deren
große, traurige Augen ins Leere starrten.

»He, Joe!« sagte der Beamte.

Der Mann zuckte zusammen.

»Macht euch fertig, du und deine Tochter. Wir sind
gleich da!« sagte der Mann. Der Beamte betrachtete
die Schwellung unter dem dünnen Mantel Marys. Er
schien zu grinsen. »Na wenn schon!« sagte er.

»Herrgott noch mal!« schimpfte der Schreiber in der
Kanzlei von Ellis Island. »Nicht mal am Heiligabend
hat man seine Ruhe. Dabei wartet meine Frau schon

auf mich mit dem Essen. Ihr hättet das Pack auch noch drüben behalten können, wenigstens bis nach den Feiertagen! Außerdem sind wir hier überfüllt, jede Zelle ist doppelt belegt, nichts wie Rote und Ausländer. Manchmal denk ich schon, die ganzen Vereinigten Staaten sind nur noch von Roten und Ausländern bevölkert. Wo soll ich hin mit dem Zuwachs?« Der Beamte, der den Zuwachs gebracht hatte, zuckte die Achseln. »Geht mich doch nichts an. Unterschreib die Quittung hier, das ist alles. Ich muß zurück nach New York mit dem Fährdampfer; meine Familie wartet auch. So eine elende Kälte!«

»Also«, sagte der Schreiber, »für heute werde ich sie in die Garage stecken; die ist auch verschließbar. Morgen wird man weitersehen.«

»Ist die Garage beheizt?« fragte der Beamte.

»Nein«, sagte der Schreiber.

Der Beamte zog die Brauen hoch und blickte einen Moment lang auf den Mann und die zarte Frau, die in der Ecke des Büros warteten.

»Hätte nicht streiken sollen, der Alte«, sagte er schließlich. »Dann brauchte er jetzt nicht zu frieren.«

»Die Garage ist noch viel zu gut für dieses rote Gesindel«, sagte der Schreiber.

Der Mann mit dem Bart, den der Einwanderungsbeamte Joe genannt hatte, kam plötzlich auf ihn zu, stürzte vor ihm auf die Knie, und seine mageren Hände verkrallten sich in dem flauschigen Uniformmantel.

»Geben Sie uns wenigstens etwas Stroh!« bat er mit

halberstickter Stimme. »Sie sehen doch – meine Frau wird bald –«

»Na, weil du's bist, Joe«, sagte der Beamte; und zu dem Schreiber: »Gib ihm schon 'ne Matratze und paar Decken mit.« Und beeindruckt von seiner eigenen Großzügigkeit, ging er zu der Frau, hob mit zwei Fingern ihr Kinn, sah ihr ins Gesicht und sagte: »tsk, tsk, heute muß man sich's gut überlegen, bevor man Kinder kriegt...«

Die Garagentür, die fest verschlossen war, knarrte in den Angeln. Josef blickte auf, eine große Helligkeit verbreitete sich auf einmal. Jemand hatte die Bogenlampe, die hoch unter dem Dach hing, angeknipst. Im Licht dieser Lampe erblickte Josef drei Männer, Arbeiter offensichtlich. Sie schienen unschlüssig zu zögern.

Dann hörte der eine, der ein westindischer Schwarzer war, das leise Wimmern von der Matratze her, und seine sanften, dunklen Augen hefteten sich auf die in Decken gehüllte Gestalt der Frau. »Dort«, sagte er.

Die anderen beiden nickten. Einer war ein hochgewachsener, breitschultriger Pole mit hervortretenden Backenknochen und einem gutmütigen lächelnden Mund. Der andere war klein und zierlich und hatte mandelförmige Augen, die blinzelten fröhlich. Er war in Amerika geboren, aber sein Vater war aus der Provinz Hunan in China gekommen.

»Wir haben den Stern gesehen«, sagte der Pole.

»Welchen Stern?« fragte Josef.

»Nun, man weiß doch – den Stern, der die Geburt des Kindes anzeigt...«

Josef wußte wirklich nicht, aber er war viel zu verschüchtert, um weitere Fragen zu stellen.

»Wir bringen Geschenke«, sagte der Chinese.

Der Schwarze erklärte: »Drüben in der Baracke haben wir gehört, daß ihr gekommen seid, und daß deine Frau –«

Das Kind schrie kräftig auf.

»Ein Junge?« fragte der Chinese.

Josef nickte.

»Lungen hat der!« sagte der Pole. »Donnerwetter! Der wird tüchtig wachsen und Muskeln haben und denen noch zu schaffen machen, den großen Herrn!…«

Der Schwarze stieß ihn an. »Die Geschenke!« flüsterte er.

»Ach ja«, sagte der Chinese. »Also, wir haben eine Sammlung in der Baracke gemacht. Gold bringen wir zwar nicht, und auch keine Myrrhen.«

Er breitete die Schätze vor Mary aus, die Schätze der Armen, die von dem wenigen, was sie haben, geben: ein paar Tücher, als Windeln verwertbar, ein bereits abgetragenes wollenes Kinderkleidchen; eine blau-weißkarierte, weiche Decke, um den Kleinen warm einzuwickeln, und eine Klapper, damit er auch etwas zum Spielen habe. Und schließlich ein paar Dollar.

»Können wir ihn mal sehen?« fragte der Pole.

Mary lüftete einen Zipfel der Decke. Das Kind schlief.

Die drei blickten es an. »Wie soll er heißen?« fragte der Pole nach einer Weile.

»Joshua«, sagte Josef. »Und Zimmermann soll er werden.«

»Warum Zimmermann?« fragte der Schwarze.

»Das ist doch klar«, sagte der Chinese. »Zimmerleute braucht man zum Bauen, und Bauen braucht man zum Frieden.«

»Ja«, sagte der Pole, der religiös war. »Jesus war auch gelernter Zimmermann, und man nannte ihn den Fürsten des Friedens. Jetzt müssen wir aber gehen. Die Polizei darf nicht wissen, daß wir hier waren.«

Sie gingen und schlossen die Garagentür. Mary wiegte ihr Kind.*

Stefan Heym

---

* Die Geschichte stammt aus dem Jahr 1954. Das Lager »Ellis Island« ist seither aufgelöst und existiert inzwischen nicht mehr.

Mirjam und Maria

Daß ich ein großer Schauspieler gewesen bin, möchte heute niemand mehr glauben. Und doch: Ich war es. Ich war ein hoffnungsvoller Mime, der Hauptrollen übernahm, die Texte leicht auswendig lernte, in Gestik und Darstellung bestehen konnte vor einem beifallsfreudigen, festlich gestimmten, zahlreichen Publikum. Denn ich war in den letzten drei Volksschuljahren der Josef unseres heimatlichen Weihnachtsspieles, der Nährvater Jesu also, der schon damals für mich eine recht unglückliche Rolle im himmlischen Heilsgeschehen einnahm.

Aller Glanz ging von Maria aus. Sie und das Kind in der Krippe waren Mittelpunkt unseres kleinen Spiels. Ich genoß den Vorzug, ganz nahe mit dabei zu stehen, auf der anderen Seite jener Futterkrippe, in der die nackte Puppe lag. Ich konnte immerfort die Puppe sehen, in ihrer Bloßheit auf dem Stroh liegend, das wir uns vom Scheunert-Bauern holten; mit einer Windel bedeckt, aus den unerschöpflichen Beständen der kinderreichen Lehrersfrau entliehen.

Ich konnte auch immerfort Maria ansehen, wie sie in ihrer huldvollen Würde und Hoheit da stand, kaum ein Wort zu sagen hatte, auf das Kind blickte, auf ihr Kind, von dem das Heil kommen sollte über die Welt, in der wir unbeschwert lebten und spielten.

Ich liebte diese Maria, die eigentlich Mirjam hieß. Aber das wußten wir natürlich längst, daß Mirjam der jüdische Name für Maria war, und wir wußten auch und flüsterten es uns heimlich zu, daß Mirjams Eltern Juden waren: eine der wenigen jüdischen Familien in unserer verträumten Kleinstadt, in der nicht viel passierte in jenen dreißiger Jahren dieses bewegten Jahrhunderts.

Mirjams Eltern hatten sich taufen lassen, wir sahen sie in unserer Kirche beim Gottesdienst, und nichts unterschied die beiden einfältigen Leute von den anderen Kirchbesuchern. Bei der Taufe war aus Mirjam Maria geworden, aber ich weiß nicht mehr, wie es kam, wir Schulkinder riefen das schwarzhaarige, stille Mädchen immer noch Mirjam. Und auch unser Lehrer Körner sagte Mirjam zu ihr.

Anfang November begannen wir stets mit den Proben für das Krippenspiel. Die Rollen wurden verteilt und besprochen. Da ja immer ein Jahrgang zu Ostern entlassen worden war, gab es naturgemäß Veränderungen. Die Hauptrollen jedoch wußten wir in festen Händen. Schon in den letzten beiden Jahren waren Mirjam und ich das biblische Paar von Bethlehem: Maria und Josef. Aber die Lieder mußten wiederholt werden; Lehrer Körner ließ es sich auch nicht nehmen, in jedem Jahr ein neues Weihnachtslied hinzuzulernen. In diesem Jahr lernten wir das Lied: »Wißt ihr noch, wie es geschehen, immer werden wir's erzählen, wie wir einst den Stern gesehen, mitten in der dunklen Nacht.«

Das war die Zeit, da der Herbststurm die Kastanienbäume vor dem Schulzaun schüttelte wie ertappte Buben und der milchige Nebel unseren Schulweg zum Abenteuer werden ließ. In einer dieser ersten

Novembernächte muß es dann geschehen sein, wovon anderen Morgens die Nachbarn erzählten: In den zwei jüdischen Geschäften der Stadt hätten die Uniformierten Scheiben eingeschlagen, Kleider und Stoffballen auf die Straße geworfen, darauf herumgetrampelt, den Ladentresen zerhackt, die Regale geräumt, gesungen und gelärmt. Und das wäre überall in Deutschland so gewesen in dieser merkwürdigen Nacht des neunten November 1938.

Einige Tage nach jener Herbstnacht, in der die Scheiben klirrten und die Waren flogen, war Mirjam wieder in unsere Schule gekommen. Sie war blaß und verstört. Die Spielproben für unser Weihnachtsstück, die nun begannen und sich in den Advent hineinzogen, kamen mir sehr gelegen. Ich war oft und viel mit Mirjam zusammen. Ich begleitete sie auf den Heimwegen. Meine Eltern sahen das nicht gern: Wir haben nichts gegen das Mädel, sagten sie, das Mädel ist ordentlich und gut. Aber sie ist eine Jüdin, sagten sie.

Der Schnee fiel wie Watte, lautlos und gleichmäßig, auf Mirjams Zöpfe, wenn wir durch die abendlichen Straßen gingen. Die Lichter aus den Geschäften brachen wie Fluten über uns herein. In der bergenden Dunkelheit konnte uns niemand erkennen. Nur eben der Schnee fiel auf ihr starkes Haar. Wenn wir uns verabschiedeten am Tor, scheu und mit einer unerklärlichen Schüchternheit, lag ein Schneegewand auf Mirjams Mantel.

An eine dieser Proben in jenem Jahr erinnere ich mich gut, wir hatten schon in der Kirche zu spielen begonnen. Lehrer Körner saß an der Orgel und begleitete unsere Lieder, die wir noch unsicher und zaghaft sangen. Durch die schmalen, hohen Fenster konnten wir die Sterne sehen, die jetzt zeitig kamen im Dezember. Ich zog mit Mirjam durch das dunkle Kirchenschiff. Wir gingen von einem Wirt Betlehems zum anderen und suchten Herberge. »Wer klopfet an?« fragte der erste Wirt, den der Zauser-Carl spielte. Wie oft hatten wir das gespielt, wie oft gesungen und gesagt. Es hatte uns kaum berührt.

Mirjam faßte mich am Arm, und ich spürte ihre Fingernägel durch die dicke Hirtenjacke in meinem Fleisch. Aber es war ein anderer Schmerz als der, den ich beim sommerlichen Spiel empfunden hatte, wenn mich Mirjams blitzende Zähne in den nackten Oberarm bissen.

In der Deutschstunde des folgenden Tages sagte Lehrer Körner, daß er leider gezwungen sei, kurzfristig eine Änderung in unserem Krippenspiel vorzunehmen. Er sah Mirjam nicht an, als er sagte: Mirjam darf nicht mehr die Jungfrau Maria spielen, denn sie ist Jüdin, und das geht nicht, daß sie eine Hauptrolle spielt. Das hinge mit dem »neuen Deutschland« zusammen und mit der Novembernacht und mit den Gesetzen. Wegen der Nachfolge habe er sich bereits Gedanken gemacht. Maria Guntram werde die Rolle übernehmen. Er lächelte. Und die paar Worte, die sie zu sprechen und zu singen habe, könne sie in den verbleibenden zehn Tagen noch lernen.

Sie hatte gut gelernt, das mußte ich ihr lassen. Sie konnte die Texte genauso sicher wie Mirjam. Sie sang rein und makellos. Die erste Veränderung, die mir auffiel, war: sie gab mir nicht die Hand und beachtete mich kaum, wenn sie lachend zu den Proben kam und den Mantel in eine der Kirchenbänke legte. Die zweite Veränderung: sie strahlte keine Ruhe aus. Sie war ständig in Bewegung, aufgeregt, bemüht, nichts Falsches zu tun oder zu sagen.

Bei der Aufführung dann, einen Tag vor dem Heiligen Abend, die Kirche war wieder voller Menschen, erwartungsvollen und neugierigen, die Orgel spielte wie immer, gab es keinerlei Schwierigkeiten. Die meisten Menschen in den Kirchenbänken merkten gar nicht, daß unter dem roten Gewand und unter dem blauen Kopftuch nicht Mirjam steckte, sondern eine andere Maria. Eine Maria, die sich sehen lassen konnte. Mit der ich lachte und scherzte, als wir wie in jedem Jahr nach dem Spiel in der Schule fröhlich beisammensaßen. Es gab Kakao und Streuselkuchen.

Mirjam hatte sich entschuldigen lassen, es sei ihr nicht gut. Ich vermißte sie nicht. Im Gegenteil, ich war froh, daß sie unsere heitere Vorfreude nicht trübte mit ihrer Enttäuschung und mit ihrem blassen Gesicht. Zum Schluß sang Lehrer Körner mit uns das neu gelernte Lied, das nun freier klang und harmonischer: »Immer werden wir's erzählen, wie das Wunder einst geschehen, und wie wir den Stern gesehen, mitten in der dunklen Nacht.«

An Mirjam dachte ich nicht.

Nach den Weihnachtsferien im neuen Jahr kam sie nicht wieder. Sie gehe jetzt in eine andere Schule, sagte der Lehrer. Und er fügte mit wichtiger Miene hinzu: in eine Extra-Schule für jüdische Kinder.

Zu Ostern verließ ich die Schule. Ich kam in die Lehre. Von Mirjam sah und hörte ich nichts mehr in unserer Stadt. Auch Maria Guntram verlor ich aus den Augen.

Viele Jahre später, nach dem Kriege erst, erfuhr ich dann, daß beide Mädchen umgekommen waren: Mirjam in den Gaskammern von Auschwitz, Maria unter dem Bombenhagel in Dresden.

Jochen Hoffbauer

alle mammas sind engelmacher

auf dem tisch die zeitung
diario de pernambuco
darin ein ausführlicher bericht über die lage der
    stadt recife
unter anderem in einem absatz eine statistische zahl
48 % der kinder im norden der stadt sterben
im ersten lebensjahr

jesús liest das und sagt
wie hier bei uns in ibimirim
und fragt die mutter
wieso
die zuckt mit den achseln
die leute sagen
sagt sie
das ist der wille gottes
jesús muß seinen zorn besänftigen
tuberkulose kann man heilen
sagt er
milch kaufen
sagt er
wenn man geld hat
sagt maria
auch die überschwemmungen in recife hätten sie
    verhindern
können
wenn sie das bereitgestellte geld für die dämme nicht
verschwendet hätten

alle die
die nicht genug kriegen können
das sagst du am besten nicht laut
sagt die mutter
ich will nicht wieder auf und davon

jedes zweite kind
denkt jesús laut
gott liebt mich
gott liebt mich nicht
abzählreim
gestern haben sie francisco begraben
vor drei tagen haben sie juan begraben
vor zwei wochen haben sie josé begraben
zehn monate der erste
acht monate der zweite
dreizehn monate der dritte
wenn sie geboren werden nach neun monaten
oder nach acht
oder nach sieben
weil die mamma schwer gehoben hat
haben die babys das halbe leben schon hinter sich
alle mammas sind engelmacher
sagt jesús
gott wird das in ordnung bringen mit den kindern
antwortet maria
wir müssen das in ordnung bringen mit den kindern
sagt jesús
ja   sagt maria   du lebst

Kurtmartin Magiera

Kritik an Maria

Die Wallfahrt nach Kevlaar

I

Am Fenster stand die Mutter,
im Bette lag der Sohn.
»Willst du nicht aufstehn, Wilhelm,
zu schaun die Prozession?«

»Ich bin so krank, o Mutter,
daß ich nicht hör und seh;
ich denk an das tote Gretchen,
da tut das Herz mir weh.« –

»Steh auf, wir wollen nach Kevlaar,
nimm Buch und Rosenkranz;
die Mutter Gottes heilt dir
dein krankes Herze ganz.«

Es flattern die Kirchenfahnen,
es singt im Kirchenton;
das ist zu Köllen am Rheine,
da geht die Prozession.

Die Mutter folgt der Menge,
den Sohn, den führet sie,
Sie singen beide im Chore:
Gelobt seist du, Marie!

2

Die Mutter Gottes zu Kevlaar
trägt heut ihr bestes Kleid;
heut hat sie viel zu schaffen;
es kommen viel kranke Leut.

Die kranken Leute bringen
ihr dar, als Opferspend,
aus Wachs gebildete Glieder,
viel wächserne Füß und Händ.

Und wer eine Wachshand opfert,
dem heilt an der Hand die Wund;
und wer einen Wachsfuß opfert,
dem wird der Fuß gesund.

Nach Kevlaar ging mancher auf Krücken,
der jetzo tanzt auf dem Seil.
Gar mancher spielt jetzt die Bratsche,
dem dort kein Finger war heil.

Die Mutter nahm ein Wachslicht
und bildete draus ein Herz.
»Bring das der Mutter Gottes,
dann heilt sie deinen Schmerz.«

Der Sohn nahm seufzend das Wachsherz,
ging seufzend zum Heiligenbild;
die Träne quillt aus dem Auge,
das Wort aus dem Herzen quillt:

»Du Hochgebenedeite,
du reine Gottesmagd,
du Königin des Himmels,
dir sei mein Leid geklagt!

»Ich wohnte mit meiner Mutter
zu Köllen in der Stadt,
der Stadt, die viele hundert
Kapellen und Kirchen hat.

»Und neben uns wohnte Gretchen,
doch die ist tot jetzund –
Marie, dir bring ich ein Wachsherz,
heil du meine Herzenswund.

»Heil du mein krankes Herze –
Ich will auch spät und früh
inbrünstiglich beten und singen:
Gelobt seist du, Marie!«

3

Der kranke Sohn und die Mutter,
die schliefen im Kämmerlein.
Da kam die Mutter Gottes
ganz leise geschritten herein.

Sie beugte sich über den Kranken
und legte ihre Hand
ganz leise auf sein Herze
und lächelte mild und schwand.

Die Mutter schaut alles im Traume
und hat noch mehr geschaut
Sie erwachte aus dem Schlummer,
die Hunde bellten so laut.

Da lag dahingestrecket
ihr Sohn, und der war tot.
Es spielt auf den bleichen Wangen
das lichte Morgenrot.

Die Mutter faltet die Hände,
ihr war, sie wußte nicht wie.
Andächtig sang sie leise:
Gelobet seist du, Marie!

Heinrich Heine

Die vielfache Mutter der Hoffnung

und maria

und maria sang
ihrem ungeborenen sohn:
    meine seele erhebt den herrn
    ich juble zu gott meinem befreier
    ich: eine unbedeutende frau –
    aber glücklich werden mich preisen
    die leute von jetzt an
    denn großes hat gott an mir getan –
    sein name ist heilig
    und grenzenlos sein erbarmen
    zu allen denen es ernst ist mit ihm –
    er braucht seine macht
    um die pläne der machthaber fortzufegen
    er stürzt die hohen vom sitz
    und hebt die unterdrückten empor
    er macht die hungrigen reich
    und schickt die reichen hungrig weg

und maria konnte kaum lesen
und maria konnte kaum schreiben
und maria durfte nicht singen
noch reden im bethaus der juden
wo die männer dem mann-gott dienen

dafür aber sang sie
ihrem ältesten sohn
dafür aber sang sie
den töchtern den anderen söhnen
von der großen gnade und ihrem
heiligen umsturz

dennoch
erschrak sie
am tage
da jesus die werkstatt
und ihre familie verließ
um im namen gottes
und mit dem feuer des täufers
ihren gesang
zu leben

und dann
ach dann
bestätigten sich
alle ängste
aufs schlimmste:
versteinert stand sie
und sprachlos
als jesus
am galgen
vergeblich
nach gott schrie

später viel später
blickte maria

ratlos von den altären
auf die sie
gestellt worden war

und sie glaubte
an eine verwechslung
als sie
– die vielfache mutter –
zur jungfrau
hochgelobt wurde

und sie bangte
um ihren verstand
als immer mehr leute
auf die knie fielen
vor ihr

und angst
zerpreßte ihr herz
je inniger sie
– eine machtlose frau –
angefleht wurde
um hilfe um wunder

am tiefsten
verstörte sie aber
der blasphemische kniefall
von potentaten und schergen
gegen die sie doch einst
gesungen hatte voll hoffnung
und maria trat

aus ihren bildern
und kletterte
    von ihren altären herab
und sie wurde
    das mädchen courage
    die heilig kecke jeanne d'arc
und sie war
    seraphina vom freien geist
    rebellin gegen männermacht und hierarchie
und sie bot
    in käthe der kräutermuhme
    aufständischen bauern ein versteck
und sie wurde
    millionenfach als hexe
    zur ehre des gottesgötzen verbrannt
und sie war
    die kleine therese
    aber rosa luxemburg auch
und sie war
    simone weil »la vierge rouge«
    und zeugin des absoluten
und sie wurde
    zur madonna leone die nackt
    auf dem löwen für ihre indios reitet –
und sie war und sie ist
    vielleibig vielstimmig
    die subversive hoffnung
    ihres gesangs

Kurt Marti

Glockenstimme

Es gibt Poeten, die sagen:
Der Sturm setzte die Glocken in Gang –
Oder:
Geister, die in den Lüften klagen,
zerrten am Glockenstrang.
Aber
das ist faules Gerede,
denn der Mensch ist es, der jede
Glocke bewegt,
der Mensch ist es, der Mensch.

Es gibt Reporter, die deuten
mit zitternder Kehle darauf hin:
Nur einmal
im Jahre werde diese Glocke läuten,
nur zur Weihnacht, das sei ihr Sinn.
Aber
vielleicht wird gerade diese Glocke sprechen,
wenn Menschen Kerkermauern zerbrechen
in einer andern Nacht,
weil es der Mensch ist,
der die Glocke zum Schwingen gebracht,
weil es der Mensch ist, der Mensch.

Es gibt Priester, die sagen:
Jene Glocke läute nur ganz zart
»Friede auf Erden!«,
weil Maria das Kindlein getragen
und Christus geboren ward.

Aber
wer sagt euch, daß nicht einmal jene Frau
den Glockenstrang wird fassen,
damit alle Frauen auf die Straßen
eilen, mit Hämmern und Beilen,
den gierigen Kriegsgöttern
das Maul zu verkeilen,
damit kein Sohn mehr am Kreuz muß leiden,
damit keine Söldnerlanze ihm öffnet die Seiten,
daß nicht weiter die Herren schuldlos lächeln,
während die Verdammten am Querholz
    verröcheln –
Denn auch das ist Menschenstimme,
wenn in wildem Grimme
die zarte Glocke ihr Sturmlied gesungen,
von einer Mutter am Strang geschwungen
für den Sohn,
für den Sohn,
für des Menschen Sohn.

Friedrich Wolf

Quellenverzeichnis

S. 11 f., 61: aus: Wilhelm Willms, Mit Gott im Spiel, Sprachspuren des Kirchenjahrs, © Verlag Butzon und Bercker, Kevelaer 1982. – S. 20, 27: aus: Rainer Maria Rilke, Gesammelte Gedichte. © Insel Verlag, Frankfurt am Main 1962. – S. 21: aus: Gertrud von LeFort, Hymnen an die Kirche, Ehrenwirth Verlag, München. – S. 29: © Strube Verlag, München–Berlin. – S. 30–32: aus: Dorothee Sölle, Die Revolutionäre Geduld, Wolfgang Fietkau Verlag, Berlin [3]1982. – S. 42: aus: Paul Konrad Kurz, »Denn Er ist da«, Ehrenwirth Verlag, München 1963. – S. 43: mit freundlicher Genehmigung der Autorin. – S. 44–47: aus Kurtmartin Magiera (Hrsg.), Die Nacht im Dezember. Texte zur Geburt des Herrn, © Verlag Butzon und Bercker, Kevelaer 1968 (Text leicht verändert). – S. 48–57: mit freundlicher Genehmigung der Erbengemeinschaft Ernst Schnabel. – S. 58 f.: aus: Bertolt Brecht, Gesammelte Werke. © Suhrkamp Verlag, Frankfurt am Main 1967. – S. 62–65: aus: Uwe Seidel/Wilhelm Willms (Hg.), Werkbuch Weihnachten, Peter Hammer Verlag Wuppertal 1972. – S. 66–68: mit freundlicher Genehmigung der Autorin. – S. 69: aus: Lene Mayer-Skumanz, Der Stern. Geschichten, Theaterstücke und Gedichte für Weihnachten, © Herder und Co., Wien 1989. – S. 70 f.: aus: Arnim Juhre (Hrsg.), Die Stimme in der Weihnachtsnacht. Eine Sammlung neuer Geschichten, Lutherisches Verlagshaus Hamburg 1978. – S. 72–76: Literary Agency Mohrbooks, Rainer Heumann, Zürch, © 1954 Stefan Heym. – S. 83 f: aus: Kurtmartin Magiera, Ich habe dein Gesicht gesehen, © Verlag Butzon und Bercker, Kevelaer 1975. – S. 89 – 92: mit freundlicher Genehmigung des Autors. – S. 93 f.: aus: Friedrich Wolf, Ausgewählte Gedichte, Aufbau-Verlag, Berlin 1963.

Nicht alle Quellen, Rechtsinhaber bzw. Autorenadressen konnten ausfindig gemacht werden. Der Verlag ist für entsprechende Hinweise dankbar. Rechtsansprüche bleiben gewahrt.